Vannes 2024, Mai / Juin.   Réclamation

Bonjour, le livre est en retour car il y a trop de fautes d'orthographes, des mots qui n'ont pas de sens dans la phrase (15; 25; 53; 65; 73; 85; 87; 88; 89

La mise en page est médiocre, il y a une phrase, dans certaines pages : 19; 21; 26; 28; 37; 60; 63

- l'auteur-traducteur est manquant
- les images ont une mauvaise définition

Tao Te King - Livre de la Voie et de la Vertu

Lao Tseu

Livre I

– 1 –

La voie qui peut être exprimée par la parole n'est pas la Voie éternelle ; le nom qui peut être nommé n'est pas le Nom éternel.

(L'être) sans nom est l'origine du ciel et de la terre ; avec un nom, il est la mère de toutes choses.

C'est pourquoi, lorsqu'on est constamment exempt de passions, on voit son essence spirituelle ; lorsqu'on a constamment des passions, on le voit sous une forme bornée.

Ces deux choses ont une même origine et reçoivent des noms différents. On les appelle toutes deux profondes. Elles sont profondes, doublement profondes. C'est la porte de toutes les choses spirituelles.

− 2 −

Dans le monde, lorsque tous les hommes ont su apprécier la beauté (morale), alors la laideur (du vice) a paru. Lorsque tous les hommes ont su apprécier le bien, alors le mal a paru. C'est pourquoi l'être et le non-être naissent l'un de l'autre.
Le difficile et le facile se produisent mutuellement.
Le long et le court se donnent mutuellement leur forme.
Le haut et le bas montrent mutuellement leur inégalité.
Les tons et la voix s'accordent mutuellement.
L'antériorité et la postériorité sont la conséquence l'une de l'autre.
De là vient que le saint homme fait son occupation du non-agir.
Il fait consister ses instructions dans le silence.
Alors tous les êtres se mettent en mouvement, et il ne leur refuse rien.
Il les produit et ne se les approprie pas.
Il les perfectionne et ne compte pas sur eux.
Ses mérites étant accomplis, il ne s'y attache pas.
Il ne s'attache pas à ses mérites ; c'est pourquoi ils ne le quittent point.

− 3 −

En n'exaltant pas les sages, on empêche le peuple de se disputer.

En ne prisant pas les biens d'une acquisition difficile, on empêche le peuple de se livrer au vol.

En ne regardant point des objets propres à exciter des désirs, on empêche que le cœur du peuple ne se trouble[1].

C'est pourquoi, lorsque le saint homme gouverne, il vide son cœur, il remplit son ventre (son intérieur), il affaiblit sa volonté, et il fortifie ses os.

Il s'étudie constamment à rendre le peuple ignorant et exempt de désirs.

Il fait en sorte que ceux qui ont du savoir n'osent pas agir.

Il pratique le non-agir, et alors il n'y a rien qui ne soit bien gouverné.

---

1 Le cœur de l'homme est naturellement calme. Lorsqu'il se trouble et perd son état habituel, c'est qu'il est ému par la vue des choses propres à exciter ses désirs. C'est pourquoi, en ne regardant pas les choses propres à exciter les désirs, on empêche que le cœur ne se trouble. Dans les passages précédents, les mots « ne pas estimer », pouchang, « ne pas priser », pou-koueï, montrent que les mots « ne pas regarder », pou-kien, doivent se rapporter au roi…

– 4 –

Le Tao est vide ; si l'on en fait usage, il paraît inépuisable.

Ô qu'il est profond ! Il semble le patriarche de tous les êtres.

Il émousse sa subtilité, il se dégage de tous liens, il tempère sa splendeur, il s'assimile à la poussière.

Ô qu'il est pur ! Il semble subsister éternellement.

J'ignore de qui il est fils ; il semble avoir précédé le maître du ciel.

– 5 –

Le ciel et la terre n'ont point d'affection particulière. Ils regardent toutes les créatures comme le chien[2] de paille (du sacrifice).

Le saint homme n'a point d'affection particulière ; il regarde tout le peuple comme le chien de paille (du sacrifice).

L'être qui est entre le ciel et la terre ressemble à un soufflet de forge qui est vide et ne s'épuise point, que l'on met en mouvement et qui produit de plus en plus (du vent).

Celui qui parle beaucoup (du Tao) est souvent réduit au silence.

Il vaut mieux observer le milieu.

---

2 Le ciel et la terre n'ont point d'affection particulière. Ils laissent tous les êtres suivre leur impulsion naturelle. C'est pourquoi toutes les créatures naissent et meurent d'elles-mêmes. Si elles meurent, ce n'est point par l'effet de leur tyrannie ; si elles naissent, ce n'est point par l'effet de leur affection particulière. De même, lorsqu'on a fait un chien avec de la paille liée, on le place devant l'autel où l'on offre le sacrifice, afin d'éloigner les malheurs ; on le couvre des plus riches ornements. Est-ce par affection ? C'est l'effet d'une circonstance fortuite. Lorsqu'on le jette dehors, après le sacrifice, les passants le foulent aux pieds. Est-ce par un sentiment de haine ? C'est aussi l'effet d'une circonstance fortuite.

– 6 –

L'esprit de la vallée[3] ne meurt pas ; on l'appelle la femelle mystérieuse.

La porte de la femelle mystérieuse s'appelle la racine du ciel et de la terre.

Il est éternel et semble exister (matériellement).

Si l'on en fait usage, on n'éprouve aucune fatigue.

---

3 L'expression kou-chen, « l'Esprit de la vallée », désigne le Tao. Le mot kou, « vallée », se prend ici dans un sens figuré. Une vallée est vide et cependant elle a un corps, c'est-à-dire elle existe matériellement. Mais « l'Esprit de la vallée » est vide et immatériel (littéralement : et sans corps). Ce qui est vide et immatériel n'a point reçu la vie ; comment pourrait-il mourir ? L'expression kou-chen, « l'Esprit de la vallée », est destinée à exprimer sa vertu (la vertu du Tao). L'expression hiouen-p'in, « la femelle mystérieuse », sert à exprimer ses mérites. Cette « femelle » produit tous les êtres. On l'appelle hiouen, « mystérieuse », pour dire que si l'on voit naître les êtres, on ne voit pas ce qui les fait naître. Le mot hiouen a le sens de « obscur, profond, impénétrable ». Tous les êtres ont reçu la vie, et, en conséquence, ils sont sujets à la mort. « L'Esprit de la vallée » n'est point né, c'est pourquoi il ne meurt pas.

– 7 –

    Le ciel et la terre ont une durée éternelle.
    S'ils peuvent avoir une durée éternelle, c'est parce qu'ils ne vivent pas pour eux seuls. C'est pourquoi ils peuvent avoir une durée éternelle.
    De là vient que le saint homme se met après les autres, et il devient le premier.
    Il se dégage de son corps, et son corps se conserve.
    N'est-ce pas qu'il n'a point d'intérêt privés ?
    C'est pourquoi il peut réussir dans ses intérêts privés.

– 8 –

L'homme d'une vertu supérieure est comme l'eau.
L'eau excelle à faire du bien aux êtres et ne lutte point.
Elle habite les lieux que déteste la foule.
C'est pourquoi (le sage) approche du Tao.
Il se plaît dans la situation la plus humble.
Son cœur aime à être profond comme un abîme.
S'il fait des largesses, il excelle à montrer de l'humanité.
S'il parle, il excelle à pratiquer la vérité.
S'il gouverne, il excelle à procurer la paix.
S'il agit, il excelle à montrer sa capacité.
S'il se meut, il excelle à se conformer aux temps.
  Il ne lutte contre personne ; c'est pourquoi il ne reçoit aucune marque de blâme.

– 9 –

Il vaut mieux ne pas remplir un vase que de vouloir le maintenir (lorsqu'il est plein).

Si l'on aiguise un lame, bien qu'on l'explore avec la main, on ne pourra la conserver constamment (tranchante).

Si une salle est remplie d'or et de pierres précieuses, personne ne pourra les garder.

Si l'on est comblé d'honneurs et qu'on s'enorgueillisse, on s'attirera des malheurs.

Lorsqu'on a fait de grandes choses et obtenu de la réputation, il se retirer à l'écart.

Telle est la voie du ciel.

– 10 –

L'âme spirituelle[4] doit commander à l'âme sensitive.

Si l'homme conserve l'unité[5], elles pourront rester indissolubles.

S'il dompte sa force vitale et la rend extrêmement souple, il pourra être comme un nouveau-né.

S'il se délivre des lumières de l'intelligence, il pourra être exempt de toute infirmité (morale).

S'il chérit le peuple et procure la paix au royaume, il pourra pratiquer le non-agir.

---

4   Ce passage a beaucoup embarrassé les commentateurs de Lao-tseu. La plupart remplacent le mot ing (vulgo « camp ») par le mot hoen, « âme spirituelle », qu'ils placent avant tsaï. Le naturel du saint homme est calme et reposé, la partie spirituelle de son être est invariablement fixée, elle n'est point entraînée ni pervertie par les objets matériels. Quoiqu'elle ait pris le principe animal pour sa demeure (un autre auteur dit : pour sa coquille, c'est-à-dire son enveloppe), cependant le principe animal, l'âme animale, lui obéit dans tout ce qu'elle veut faire. Alors on peut dire que le principe spirituel « transporte » le principe animal (c'est-à-dire le mène, lui commande). Les hommes de la multitude soumettent leur nature aux objets extérieurs, leur esprit se trouble, et alors l'âme spirituelle obéit à l'âme animale. Lao-tseu apprend aux hommes à conserver leur esprit, à conserver l'âme sensitive, à faire en sorte que ces deux principes ne se séparent pas. Les sages qui cultivent le Tao font en sorte que l'âme spirituelle (hoen) soit constamment unie, attachée à l'âme animale, de même que l'éclat du soleil est « porté sur » le corps opaque de la lune (comme l'homme est porté sur un char, comme un bateau est porté par l'eau). Il fait en sorte que l'âme animale retienne constamment l'âme spirituelle, de même que le corps opaque de la lune reçoit la lumière du soleil. Alors le principe spirituel ne s'échappe pas au-dehors et l'âme animale ne meurt pas.

5   L'expression pao-i, « conserver l'unité », veut dire faire en sorte que notre volonté soit essentiellement une (c'est-à-dire non partagée entre les choses du monde), afin de procurer la quiétude à notre cœur. Alors l'âme spirituelle et l'âme animale ne se sépareront pas l'une de l'autre.

S'il laisse les portes du ciel s'ouvrir et se fermer[6], il pourra être comme la femelle (c'est-à-dire rester au repos).

Si ses lumières pénètrent en tous lieux, il pourra paraître ignorant[7].

Il produit les êtres et les nourrit.

Il les produit et ne les regarde pas comme sa propriété.

Il leur fait du bien et ne compte pas sur eux.

Il règne sur eux et ne les traite pas en maître.

C'est ce qu'on appelle posséder une vertu profonde.

---

6 Les portes du ciel tantôt s'ouvrent, tantôt se ferment. Lao-tseu veut dire que, « lorsqu'il faut s'arrêter, il s'arrête, lorsqu'il faut marcher (agir), il marche ». Le mot thse, « femelle », indique le repos ; il répond au mot ho, « se fermer ». Telle est la voie du saint homme. Quoiqu'on dise que tantôt il se meut, tantôt il reste en repos, cependant il doit prendre la quiétude absolue pour la base de sa conduite. Lorsque le saint homme dirige l'administration du royaume, il n'y a rien qu'il ne voie à l'aide de sa pénétration profonde. Cependant, il se conforme constamment aux sentiments et aux besoins de toutes les créatures. Il fait en sorte que les sages et les hommes bornés se montrent d'eux-mêmes, que le vrai et le faux se manifestent spontanément ; et alors il ne se fatigue pas à exercer sa prudence. Les empereurs Yu et Chun suivaient précisément cette voie lorsqu'ils régnaient sur l'empire et le regardaient comme s'il leur eût été absolument étranger.

7 Il n'y a que le saint homme qui puisse paraître ignorant et borné, lorsqu'il est arrivé au comble des lumières et du savoir. C'est ainsi qu'il conserve ses lumières, de même qu'un homme opulent conserve ses richesses en se faisant passer pour pauvre.

– 11 –

Trente rais se réunissent autour d'un moyeu. C'est de son vide que dépend l'usage du char.
On pétrit de la terre glaise pour faire des vases.
C'est de son vide que dépend l'usage des vases.
On perce des portes et des fenêtres pour faire une maison. C'est de leur vide que dépend l'usage de la maison.
C'est pourquoi l'utilité vient de l'être, l'usage naît du non-être.

– 12 –

Les cinq couleurs émoussent la vue de l'homme.
Les cinq notes (de musique) émoussent l'ouïe de l'homme.
Les cinq saveurs émoussent le goût de l'homme.
Les courses violentes, l'exercice de la chasse égarent le cœur de l'homme.
Les biens d'une acquisition difficile poussent l'homme à des actes qui lui nuisent.
De là vient que le saint homme s'occupe de son intérieur et ne s'occupe pas de ses yeux.
C'est pourquoi il renonce à ceci et adopte cela.

– 13 –

Le sage redoute la gloire comme l'ignominie ; son corps lui pèse comme une grande calamité.

Qu'entend-on par ces mots : il redoute la gloire comme l'ignominie ?

La gloire est quelque chose de bas. Lorsqu'on l'a obtenue, on est comme rempli de crainte ; lorsqu'on l'a perdue, on est comme rempli de crainte.

C'est pourquoi l'on dit : il redoute la gloire comme l'ignominie.

Qu'entend-on par ces mots : son corps lui pèse comme une grande calamité ?

Si nous éprouvons de grandes calamités, c'est parce que nous avons un corps.

Quand nous n'avons plus de corps (quand nous nous sommes dégagés de notre corps), quelles calamités pourrions-nous éprouver ?

C'est pourquoi, lorsqu'un homme redoute de gouverner lui-même l'empire, on peut lui confier l'empire ; lorsqu'il a regret de gouverner l'empire, on peut lui remettre le soin de l'empire.

– 14 –

Vous le regardez (le Tao) et vous ne le voyez pas : on le dit incolore.

Vous l'écoutez et vous ne l'entendez pas : on le dit aphone.

Vous voulez le toucher et vous ne l'atteignez pas : on le dit incorporel.

Ces trois qualités ne peuvent être scrutées à l'aide de la parole. C'est pourquoi on les confond en une seule.

Sa partie supérieure n'est point éclairée ; sa partie inférieure n'est point obscure.

Il est éternel et ne peut être nommé.

Il rentre dans le non-être.

On l'appelle une forme sans forme, une image sans image.

On l'appelle vague, indéterminé.

Si vous allez au-devant de lui, vous ne voyez point sa face ; si vous le suivez vous ne voyez point son dos.

C'est en observant le Tao des temps anciens qu'on peut gouverner les existences d'aujourd'hui.

Si l'homme peut connaître l'origine des choses anciennes, on dit qu'il tient le fil du Tao.

– 15 –

Dans l'Antiquité, ceux qui excellaient à pratiquer le Tao étaient déliés et subtils, abstraits et pénétrants.

Ils étaient tellement profonds qu'on ne pouvait les connaître.

Comme on ne pouvait les connaître, je m'efforcerai de donner une idée (de ce qu'ils étaient).

Ils étaient timides comme celui qui traverse un torrent en hiver.

Ils étaient graves comme un étranger (en présence de l'hôte).

Ils s'effaçaient comme la glace qui se fond[8].

Ils étaient rudes comme le bois non travaillé.

Ils étaient vides comme une vallée.

Ils étaient troubles comme une eau limoneuse.

Qui est-ce qui sait apaiser peu à peu le trouble (de son cœur) en le laissant reposer ?

Qui est-ce qui sait naître peu à peu (à la vie spirituelle) par un calme prolongé ?

Celui qui conserve ce Tao ne désire pas d'être plein[9].

---

8   Lorsque l'homme commence à naître, il ressemble à un grand vide ; bientôt son être se condense et prend un corps, de même que l'eau devient glace. C'est pourquoi celui qui pratique le Tao se dégage de son corps pour reprendre son essence primitive, comme la glace se fond pour redevenir eau.

9   Celui qui conserve ce Tao ne veut pas être plein. En effet, ce qui est plein ne peut durer longtemps (ne tarde pas à déborder). C'est ce que déteste le Tao (il aime à être vide). Le sage estime ce qui est usé, défectueux (au figuré, c'est-à-dire aime à paraître rempli de défauts) ; les hommes du siècle estiment au contraire ce qui est neuf, nouvellement fait. Il ne veut pas être plein, c'est pourquoi il peut conserver ce qu'il a d'usé, de défectueux (en apparence), et ne désire pas d'être (brillant) comme une chose nouvellement faite. Le saint homme se dépouille de tout ce qu'il avait audedans de lui, il n'y laisse pas une seule chose qui puisse le rattacher au monde matériel. C'est pourquoi le saint homme (cf. chap. LXX) se revêt d'habits grossiers et cache des perles dans son sein. Au-dehors il ressemble à un homme en démence ; il est comme un objet usé ; il n'a rien de l'éclat,

Il n'est pas plein (de lui-même), c'est pourquoi il garde ses défauts (apparents), et ne désire pas (d'être jugé) parfait.

---

de l'élégance par lesquels les choses neuves (littéralement « nouvellement faites ») attirent les regards de la foule. Ce passage veut dire que le sage aime mieux paraître rempli de défauts et d'imperfections que de briller par des avantages extérieurs. Par là il conserve le mérite qu'il possède au-dedans de lui.

– 16 –

Celui qui est parvenu au comble du vide arde fermement le repos.
Les dix mille êtres naissent ensemble ; ensuite je les vois s'en retourner.
Après avoir été dans un état florissant, chacun d'eux revient à son origine.
Revenir à son origine s'appelle être en repos.
Être en repos s'appelle revenir à la vie.
Revenir à la vie s'appelle être constant.
Savoir être constant s'appelle être éclairé.
Celui qui ne sait pas être constant s'abandonne au désordre et s'attire des malheurs.
Celui qui sait être constant a une âme large.
Celui qui a une âme large est juste.
Celui qui est juste devient roi.
Celui qui est roi s'associe au ciel.
Celui qui s'associe au ciel imite le Tao.
Celui qui imite le Tao subsiste longtemps ; jusqu'à la fin de sa vie, il n'est exposé à aucun danger.

– 17 –

Dans la Haute Antiquité, le peuple savait seulement qu'il avait des rois.
Les suivants, il les aima et leur donna des louanges.
Les suivants il les craignit.
Les suivants, il les méprisa.
Celui qui n'a pas confiance dans les autres n'obtient pas leur confiance.
(Les premiers) étaient graves et réservés dans leurs paroles.
Après qu'ils avaient acquis des mérites et réussi dans leurs desseins, les cent familles disaient : Nous suivons notre nature.

– 18 –

Quand la grande Voie[10] eut dépéri, on vit paraître l'humanité et la justice.
Quand la prudence et la perspicacité se furent montrées, on vit naître une grande hypocrisie.
Quand les six parents eurent cessé de vivre en bonne harmonie, on vit des actes de piété filiale et d'affection paternelle.
Quand les États furent tombés dans le désordre, on vit des sujets fidèles et dévoués.

---

10 Quand la grande Voie était fréquentée, les hommes du peuple ne s'abandonnaient pas les uns les autres. Où était l'humanité ? (C'est-à-dire l'humanité ne se remarquait pas encore.) Les peuples ne s'attaquaient point les uns les autres. Où était la justice ? (C'est-à-dire la justice ne se remarquait pas encore.) Mais, quand le Tao eut dépéri, l'absence de l'affection fit remarquer l'humanité ; l'existence de la désobéissance ou de la révolte fit remarquer la justice (ou l'accomplissement des devoirs des sujets).

– 19 –

Si vous renoncez à la sagesse[11] et quittez la prudence, le peuple sera cent fois plus heureux.

Si vous renoncez à l'humanité et quittez la justice, le peuple reviendra à la piété filiale et à l'affection paternelle.

Si vous renoncez à l'habileté et quittez le lucre, les voleurs et les brigands disparaîtront.

Renoncez à ces trois choses et persuadez-vous que l'apparence ne suffit pas.

C'est pourquoi je montre aux hommes ce à quoi ils doivent s'attacher.

Qu'ils tâchent de laisser voir leur simplicité, de conserver leur pureté, d'avoir peu d'intérêts privés et peu de désirs.

---

11 Ce sont les sages de la Moyenne Antiquité qui ont fait usage de la prudence, de l'humanité, de la justice pour gouverner le peuple. Mais l'exercice de ces vertus suppose une activité que blâme Lao-tseu et dont l'abus peut donner lieu au désordre. Si l'on veut faire revivre l'administration de la Haute Antiquité, il faut pratiquer le non-agir, et l'empire se purifiera de lui-même. L'humanité et la justice enseignent la piété filiale et l'affection paternelle. Mais quand elles eurent dépéri, on emprunta le masque de l'humanité et de la justice en vue d'un intérêt méprisable. On vit des fils désobéir à leurs pères et des pères tyranniser leurs fils. Si vous renoncez à les enseigner, le peuple reviendra naturellement à la piété filiale et à l'affection paternelle que le ciel a mises en lui. Il en est de même de la prudence et de l'habileté qui sont destinées à contribuer à la paix et au profit des hommes. Lorsque leur véritable caractère a dépéri, l'on s'en sert pour violer impunément les lois ou pour voler adroitement les autres. Lao-tseu ne blâme pas la possession de ces diverses qualités tant qu'elles sont concentrées au-dedans de nous. Il réprouve seulement le vain étalage et l'abus qu'en font certains hommes ; il pense que ceux qui les possèdent véritablement ne les montrent pas au-dehors, et que ceux qui les font paraître n'en ont que l'apparence et non la réalité.

– 20 –

    Renoncez à l'étude, et vous serez exempt de chagrins.
    Combien est petite la différence de *weï* (un *oui* bref) et de *o* (un *oui* lent) !
    Combien est grande la différence du bien et du mal !
    Ce que les hommes craignent, on ne peut s'empêcher de le craindre.
    Ils s'abandonnent au désordre et ne s'arrêtent jamais.
    Les hommes de la multitude sont exaltés de joie comme celui qui se repaît de mets succulents, comme celui qui est monté, au printemps, sur une tour élevée.
    Moi seul je suis calme : (mes affections) n'ont pas encore germé.
    Je ressemble à un nouveau-né qui n'a pas encore souri à sa mère.
    Je suis détaché de tout, on dirait que je ne sais où aller.
    Les hommes de la multitude ont du superflu ; moi seul je suis comme un homme qui a perdu tout.
    Je suis un homme d'un esprit borné, je suis dépourvu de connaissances.
    Les hommes de la multitude sont remplis de lumières ; moi seul je suis comme plongé dans les ténèbres.
    Les hommes du monde sont doués de pénétration ; mois seul j'ai l'esprit trouble et confus.
    Je suis vague comme la mer ; je flotte comme si je ne savais où m'arrêter.
    Les hommes de la multitude ont tous de la capacité ; moi seul je suis stupide ; je ressemble à un homme rustique.
    Mois seul je diffère des autres hommes parce que je révère la mère qui nourrit (tous les êtres).

– 21 –

    Les formes visibles de la grande Vertu émanent uniquement du Tao.
    Voici quelle est la nature du Tao.
    Il est vague, il est confus.
    Qu'il est confus, qu'il est vague !
    Au-dedans de lui, il y a des images.
    Qu'il est vague, qu'il est confus !
    Au-dedans de lui il y a une essence spirituelle. Cette essence spirituelle est profondément vraie.
    Au-dedans de lui, réside le témoignage infaillible (de ce qu'il est) ; depuis les temps anciens jusqu'à aujourd'hui, son nom n'a point passé.
    Il donne issue (naissance) à tous les êtres.
    Comme sais-je qu'il en est ainsi de tous les êtres ?
    (Je le sais) par le Tao.

– 22 –

Ce qui est incomplet devient entier.
Ce qui est courbé devient droit.
Ce qui est creux devient plein.
Ce qui est usé devient neuf.

Avec peu (de désirs) on acquiert le Tao ; avec beaucoup (de désirs) on s'égare.

De là vient que le saint homme conserve l'Unité (le Tao), et il est le modèle du monde.

Il ne se met pas en lumière, c'est pourquoi il brille.

Il ne s'approuve point, c'est pourquoi il jette de l'éclat.

Il ne se vante point, c'est pourquoi il a du mérite.

Il ne se glorifie point, c'est pourquoi il est le supérieur des autres.

Il ne lutte point, c'est pourquoi il n'y a personne dans l'empire qui puisse lutter contre lui.

L'axiome des anciens : Ce qui est incomplet devient entier, était-ce une expression vide de sens ?

Quand l'homme est devenu véritablement parfait, (le monde) vient se soumettre à lui.

– 23 –

Celui qui[12] ne parle pas (arrive au) non-agir.

Un vent rapide ne dure pas toute la matinée ; une pluie violente ne dure pas tout le jour.

Qui est-ce qui produit ces deux choses ? Le ciel et la terre.

Si le ciel et la terre même ne peuvent subsister longtemps[13], à plus forte raison l'homme !

C'est pourquoi si l'homme se livre au Tao, il s'identifie au Tao ; s'il se livre à la vertu, il s'identifie à la vertu ; s'il se livre au

---

12 L'auteur veut dire, dans ce chapitre, que le saint homme oublie les paroles (ou renonce aux paroles) pour s'identifier au Tao. On a vu plus haut : « Celui qui parle beaucoup finit par être réduit au silence ; il vaut mieux garder le milieu. » Celui qui se laisse aller à la violence de son caractère et aime à discuter, s'éloigne de plus en plus du Tao. Plus loin Lao-tseu compare ces hommes qui aiment à discuter, et dont la loquacité ne peut se soutenir longtemps, à un vent rapide qui ne peut durer toute la matinée, et à une pluie violente qui ne peut durer tout le jour. Or le goût immodéré de la discussion vient d'une agitation intérieure de notre âme, de même qu'un vent rapide et une pluie violente sont produits par l'action désordonnée du ciel et de la terre. Si donc le trouble du ciel et de la terre ne peut durer longtemps, il en sera de même, à plus forte raison, de la loquacité de l'homme.

13 Suivant Ha-chang-kong, il faut entendre ici, non la durée du ciel et de la terre, mais la durée des choses qu'ils produisent. Le ciel et la terre sont doués d'une vertu divine. Cependant, lorsqu'ils se sont unis ensemble pour produire un vent rapide et une pluie violente, ils ne peuvent les faire durer toute la matinée ou tout le jour. À plus forte raison l'homme ne pourra-t-il subsister longtemps, s'il se livre à des actes violents et désordonnés.Les mots « ne pas durer longtemps » correspondent aux mots précédents. « ne pas durer toute la matinée, ne pas durer tout un jour ». Le vent rapide et la pluie violente sont ici le symbole de la force, de la violence, de l'activité (que blâme Lao-tseu). Ce commentateur paraît penser qu'il s'agit ici du peu de durée qu'auraient le ciel et la terre, s'ils venaient à perdre leur assiette. Dans cette hypothèse, Lao-tseu supposerait qu'ils sont dans un repos absolu, et que ce repos est le gage de leur durée. On lit dans le chapitre II, livre II : « Si la terre n'était en repos, elle se briserait. »

crime, il s'identifie au crime.

– 24 –

Celui qui se dresse sur ses pieds ne peut se tenir droit ; celui qui étend les jambes ne peut marcher.
Celui qui tient à ses vues n'est point éclairé.
Celui qui s'approuve lui-même ne brille pas.
Celui qui se vante n'a point de mérite.
Celui qui se glorifie ne subsiste pas longtemps.
Si l'on juge cette conduite selon le Tao, on la compare à un reste d'aliments ou à un goitre hideux qui inspirent aux hommes un constant dégoût.
C'est pourquoi celui qui possède le Tao ne s'attache pas à cela.

– 25 –

Il est un être confus qui existait avant le ciel et la terre.
Ô qu'il est calme ! Ô qu'il est immatériel !
Il subsiste seul et ne change point.
Il circule partout et ne périclite point.
Il peut être regardé comme la mère de l'univers.
Moi, je ne sais pas son nom.
Pour lui donner un titre, je l'appelle Voie (Tao).
En m'efforçant de lui faire un nom, je l'appelle grand.
De grand, je l'appelle fugace.
De fugace, je l'appelle éloigné.
D'éloigné, je l'appelle (l'être) qui revient.
C'est pourquoi le Tao est grand, le ciel est grand, la terre est grande, le roi aussi est grand.
Dans le monde, il y a quatre grandes choses, et le roi en est une.
L'homme imite la terre ; la terre imite le ciel, le ciel imite le Tao ; le Tao imite sa nature.

– 26 –

Le grave est la racine du léger ; le calme est le maître du mouvement.

De là vient que le saint homme marche tout le jour (dans le Tao) et ne s'écarte point de la quiétude et de la gravité.

Quoiqu'il possède des palais magnifiques, il reste calme et les fuit.

Mais hélas ! les maîtres de dix mille chars se conduisent légèrement dans l'empire !

Par une conduite légère, on perd ses ministres ; par l'emportement des passions, on perd son trône.

− 27 −

Celui qui sait marcher (dans le Tao) ne laisse pas de traces ; celui qui sait parler ne commet point de fautes ; celui qui sait compter ne se sert point d'instruments de calcul ; celui qui sait fermer (quelque chose) ne se sert point de verrou, et il est impossible de l'ouvrir ; celui qui sait lier (quelque chose) ne se sert point de cordes, et il est impossible de le délier.

De là vient que le Saint excelle constamment à sauver les hommes ; c'est pourquoi il n'abandonne pas les hommes.

Il excelle constamment à sauver les êtres ; c'est pourquoi il n'abandonne pas les êtres.

Cela s'appelle être doublement éclairé.

C'est pourquoi l'homme vertueux[14] est le maître de celui qui n'est pas vertueux.

L'homme qui n'est pas vertueux est le secours[15] de l'homme vertueux.

Si l'un n'estime pas son maître, si l'autre n'affectionne pas celui qui est son secours, quand on leur accorderait une grande prudence, ils sont plongés dans l'aveuglement.

Voilà ce qu'il y a de plus important et de plus subtil !

---

14 L'homme vertueux ne l'est pas pour lui seul ; il est destiné à être le modèle des hommes. Si les hommes qui ne sont pas vertueux peuvent imiter sa conduite, alors ils peuvent corriger leurs mauvaises qualités et arriver à la vertu. C'est en cela que l'homme vertueux est le maître (le précepteur) de ceux qui ne sont pas vertueux.

15 Le mot tse a le sens de tsou, « aide, secours ». L'homme dénué de vertu n'est pas nécessairement condamné à persévérer jusqu'à la fin dans le mal. (Son amélioration) dépend uniquement d'une bonne éducation. Si l'homme vertueux peut l'accueillir avec bienveillance et l'instruire, alors chacun d'eux acquerra du mérite, et l'homme vertueux en retirera à son tour un avantage marqué. C'est ainsi que l'homme qui n'est pas vertueux devient le secours de l'homme vertueux.

– 28 –

Celui qui connaît sa force et garde la faiblesse est la vallée de l'empire (c'est-à-dire le centre où accourt tout l'empire).

S'il est la vallée de l'empire, la vertu constante ne l'abandonnera pas ; il reviendra à l'état d'enfant.

Celui qui connaît ses lumières et garde les ténèbres, est le modèle de l'empire.

S'il est le modèle de l'empire, la vertu constante ne faillira pas (en lui), et il reviendra au comble (de la pureté). Celui qui connaît sa gloire et garde l'ignominie est aussi la vallée de l'empire.

S'il est la vallée de l'empire, sa vertu constante atteindra la perfection et il reviendra à la simplicité parfaite (au Tao).

Quand la simplicité parfaite (le Tao) s'est répandue, elle a formé les êtres.

Lorsque le saint homme est élevé aux emplois, il devient le chef des magistrats. Il gouverne grandement et ne blesse personne.

– 29 –

Si l'homme agit pour gouverner parfaitement l'empire, je vois qu'il n'y réussira pas.

L'empire est (comme) un vase divin (auquel l'homme) ne doit pas travailler.

S'il y travaille, il le détruit ; s'il veut le saisir, il le perd.

C'est pourquoi, parmi les êtres, les uns marchent (en avant) et les autres suivent ; les uns réchauffent et les autres refroidissent ; les uns sont forts et les autres faibles, les uns se meuvent et les autres s'arrêtent[16].

De là vient que le saint homme supprime les excès, le luxe et la magnificence.

---

16 Telle est l'opposition mutuelle et l'inégalité naturelle des êtres. Ceux qui marchent (en avant), on ne peut faire qu'ils suivent ; ceux qui réchauffent (ou apportent de la chaleur, comme l'été), on ne peut faire qu'ils refroidissent (ou apportent du froid, comme l'hiver), c'est-à-dire on ne peut changer leur nature. C'est pourquoi on réussit sans peine à gouverner les êtres en se conformant à leur nature (c'est-à-dire en pratiquant le non-agir et en les laissant suivre leur impulsion innée). Mais si l'on contrarie leur nature et si l'on agit, on se donne beaucoup de peines et de tourment, et les créatures ne font que se troubler davantage.

– 30 –

Celui qui aide le maître des hommes par le Tao ne (doit pas) subjuguer l'empire par les armes.

Qui qu'on fasse aux hommes, ils rendent la pareille.

Partout où séjournent les troupes, on voit naître les épines et les ronces.

À la suite des grandes guerres, il y a nécessairement des années de disette.

L'homme vertueux frappe un coup décisif et s'arrête.

Il n'ose subjuguer l'empire par la force des armes.

Il frappe un coup décisif et ne se vante point.

Il frappe un coup décisif et ne se glorifie point.

Il frappe un coup décisif et ne s'enorgueillit point.

Il frappe un coup décisif et ne combat que par nécessité.

Il frappe un coup décisif et ne veut point paraître fort.

Quand les êtres sont arrivés à la plénitude de leur force, ils vieillissent.

Cela s'appelle ne pas imiter le Tao. Celui qui n'imite pas le Tao ne tarde pas à périr.

– 31 –

Les armes les plus excellentes sont des instruments de malheur.

Tous les hommes les détestent. C'est pourquoi celui qui possède le Tao ne s'y attache pas.

En temps de paix, le sage estime la gauche ; celui qui fait la guerre estime la droite.

Les armes sont des instruments de malheur ; ce ne sont point les instruments du sage.

Il ne s'en sert que lorsqu'il ne peut s'en dispenser, et met au premier rang le calme et le repos.

S'il triomphe, il ne s'en réjouit pas. S'en réjouir, c'est aimer à tuer les hommes.

Celui qui aime à tuer les hommes ne peut réussir à régner sur l'empire.

Dans les événements heureux, on préfère la gauche[17] ; dans les événements malheureux, on préfère la droite.

Le général en second occupe la gauche ; le général en chef occupe la droite.

Je veux dire qu'on le place suivant les rites funèbres.

Celui qui a tué une multitude d'hommes doit pleurer sur eux avec des larmes et des sanglots.

---

17 En cet endroit l'auteur revient sur la pensée exprimée plus haut : en temps de paix, le sage estime la gauche ; celui qui fait la guerre estime la droite. Le général en second est en réalité au-dessous du général en chef ; pourquoi le place-t-on à gauche (c'est-à-dire à la place qui répond au principe actif yang et qui est le symbole de la vie) ? Pourquoi place-t-on le général en chef à droite (c'est-à-dire à la place qui répond au principe inerte in et qui est le symbole de la mort) ? En voici la raison. L'emploi des armes est une cause de deuil. Si ce dernier remporte la victoire et qu'il ait tué un grand nombre d'hommes, on se conforme aux rites de funérailles et on le place à droite. Le général en second occupe la gauche, parce qu'il n'a pas le droit de présider au carnage, ni même de tuer un ennemi de son autorité privée.

Celui qui a vaincu dans un combat, on le place suivant les rites funèbres[18].

---

18 Dans l'Antiquité, quand un général avait remporté la victoire, il prenait le deuil. Il se mettait (dans le temple) à la place de celui qui préside aux rites funèbres, et, vêtu de vêtements unis, il pleurait et poussait des sanglots.

– 32 –

Le Tao est éternel et n'a pas de nom.

Quoiqu'il soit petit de sa nature, le monde entier ne pourrait le subjuguer.

Si les vassaux et les rois peuvent le conserver, tous les êtres viendront spontanément se soumettre à eux.

Le ciel et la terre s'uniront ensemble pour faire descendre une douce rosée, et les peuples se pacifieront d'eux-mêmes sans que personne le leur ordonne.

Dès que le Tao se fut divisé, il eut un nom.

Ce nom une fois établi, il faut savoir se retenir.

Celui qui sait se retenir ne périclite jamais.

Le Tao est répandu dans l'univers[19].

(Tous les êtres retournent à lui) comme les rivières et les ruisseaux des montagnes retournent aux fleuves et aux mers[20].

---

19 Le Tao est répandu dans l'univers ; il n'y a pas une créature qui ne le possède, pas un lieu où il ne se trouve. La phrase : « De même que l'eau des rivières retourne nécessairement vers la mer » signifie que, dans l'univers, toutes choses retournent nécessairement au Tao. Les rivières et les mers sont le lieu où se réunissent les eaux ; les rivières et les ruisseaux des montagnes sont des portions et comme des subdivisions des eaux. Le Tao est l'origine de tous les êtres ; tous les êtres sont des ramifications du Tao. Toutes les rivières et les ruisseaux des montagnes reviennent au point central où se réunissent les eaux, et de même tous les êtres vont se rendre à leur origine (c'est-à-dire ; rentrent dans le Tao d'où ils sont sortis).

20 Ce dernier passage a pour but d'inculquer fortement aux vassaux et aux rois l'obligation de conserver le Tao, dont la pratique leur assurera la protection du ciel et la soumission des hommes. J'ai ajouté les mots « les êtres retournent à lui » pour mettre ma traduction en harmonie avec les meilleurs commentaires. Du reste, sans ce sous-entendu, il serait impossible de donner un sens à la dernière phrase de ce chapitre.

– 33 –

Celui qui connaît les hommes est prudent.
Celui qui se connaît lui-même est éclairé.
Celui qui dompte les hommes est puissant.
Celui qui se dompte lui-même est fort.
Celui qui sait se suffire est assez riche.
Celui qui agit avec énergie est doué d'une ferme volonté.
Celui qui ne s'écarte point de sa nature subsiste longtemps.
Celui qui meurt et ne périt pas[21] jouit d'une (éternelle) longévité.

---

21 Malgré les grands changements qu'on appelle la vie et la mort, sa nature (la nature du sage) conserve sa pureté et ne périt point. C'est ainsi que les hommes parfaits de l'Antiquité ont pu échapper aux changements de la vie et de la mort. Le sage regarde la vie et la mort comme le matin et le soir. Il existe et ne tient pas à la vie ; il meurt et ne périt pas. C'est là ce qu'on appelle la longévité.

– 34 –

Le Tao s'étend partout ; il peut aller à gauche comme à droite.
Tous les êtres comptent sur lui pour naître, et il ne les repousse point.
Quand ses mérites sont accomplis, il ne se les attribue point.
Il aime et nourrit tous les êtres, et ne se regarde pas comme leur maître.
Il est constamment sans désirs : on peut l'appeler petit[22].
Tous les êtres se soumettent à lui, et il ne se regarde pas comme leur maître : on peut l'appeler grand.
De là vient que, jusqu'à la fin de sa vie, le saint homme ne s'estime pas grand[23].
C'est pourquoi il peut accomplir de grandes choses.

---

22 Le Tao voile sa vertu et cache son nom. Il est constamment inerte ; il semble extrêmement petit et délié. Le Tao est calme et sans désirs ; il existe et il paraît comme n'existant pas ; il est plein et il paraît vide. On peut presque l'appeler petit.

23 Le cœur du saint homme ressemble au Tao. Quoique sa vertu soit extrêmement grande, jamais il ne se regarde comme grand. C'est par là qu'il est grand.

– 35 –

Le saint garde la grande image (le Tao), et tous les peuples de l'empire accourent à lui.

Ils accourent, et il ne leur fait point de mal ; il leur procure la paix, le calme et la quiétude.

La musique et les mets exquis retiennent l'étranger qui passe[24].

Mais lorsque le Tao sort de notre bouche, il est fade et sans saveur.

On le regarde et l'on ne peut le voir ; on l'écoute et l'on ne peut l'entendre ; on l'emploie et l'on ne peut l'épuiser.

---

24 Si l'on fait entendre de la musique, si l'on sert des mets exquis, cela suffit pour arrêter le voyageur qui passe. Mais lorsque la musique a cessé, lorsque les mets exquis sont consommés, le voyageur se retire à la hâte. Cette comparaison montre que les jouissances du siècle sont illusoires et n'ont qu'une faible durée. Il n'en est pas de même du Tao. Quoiqu'il ne puisse réjouir nos oreilles ni flatter notre goût comme la musique et les mets exquis, dès qu'on l'a adopté et qu'on en fait usage, il peut s'étendre au monde entier et à la postérité la plus reculée. La musique et les mets sont quelque chose de trop chétif pour être mis en comparaison avec le Tao.

– 36 –

Lorsqu'une créature est sur le point de se contracter[25], (on reconnaît) avec certitude que dans l'origine elle a eu de l'expansion.
Est-elle sur le point de s'affaiblir, (on reconnaît) avec certitude que dans l'origine elle a eu de la force.
Est-elle sur le point de dépérir, (on reconnaît) avec certitude que dans l'origine elle a eu de la splendeur.
Est-elle sur le point d'être dépouillée de tout, (on reconnaît) avec certitude que dans l'origine elle a été comblée de dons.
Cela s'appelle (une doctrine à la fois) cachée et éclatante[26].
Ce qui est mou triomphe de ce qui est dur ; ce qui est faible triomphe de ce qui est fort.
Le poisson ne doit point quitter les abîmes ; l'arme acérée du royaume ne doit pas être montrée au peuple.

---

25 Le mot hi (vulgo « aspirer ») veut dire ici « se contracter, se resserrer » ; tchang signifie « se développer, s'agrandir ».
26 Quoique ces principes soient évidents (pour le sage), en réalité ils sont abstraits et comme cachés (au vulgaire qui est incapable de tirer de telles conséquences de l'état apparent des choses ou des créatures).

– 37 –

Le Tao pratique constamment le non-agir et (pourtant) il n'y a rien qu'il ne fasse.

Si les rois et les vassaux peuvent le conserver, tous les êtres se convertiront.

Si, une fois convertis, ils veulent encore se mettre en mouvement, je les contiendrai à l'aide de l'être simple qui n'a pas de nom (c'est-à-dire le Tao).

L'être simple qui n'a pas de nom, il ne faut pas même le désirer.

L'absence de désirs procure la quiétude.

Alors l'empire se rectifie de lui-même.

Livre II

– 38 –

Les hommes d'une vertu supérieure ignorent leur vertu ; c'est pourquoi ils ont de la vertu.

Les hommes d'une vertu inférieure n'oublient pas leur vertu ; c'est pourquoi ils n'ont pas de vertu.

Les hommes d'une vertu supérieure la pratiquent sans y songer.

Les hommes d'une vertu inférieure la pratiquent avec intention.

Les hommes d'une humanité supérieure la pratiquent sans y songer.

Les hommes d'une équité supérieure la pratiquent avec intention.

Les hommes d'une urbanité supérieure la pratiquent et personne n'y répond ; alors ils emploient la violence pour qu'on les paye de retour.

C'est pourquoi l'on a de la vertu après avoir perdu le Tao ; de l'humanité après avoir perdu la vertu ; de l'équité après avoir perdu l'humanité ; de l'urbanité après avoir perdu l'équité.

L'urbanité n'est que l'écorce de la droiture et de la sincérité ; c'est la source du désordre.

Le faux savoir n'est que la fleur du Tao et le principe de l'ignorance.

C'est pourquoi un grand homme[27] s'attache au solide et laisse

---

27 L'homme saint pénètre tous les êtres à l'aide d'une intuition merveilleuse. Le vrai et le faux, le bien et le mal brillent à sa vue comme dans un miroir. Rien n'échappe à sa perspicacité. Les hommes vulgaires ne voient rien au-delà de la portée de leurs yeux, n'entendent rien au-delà de la portée de leurs oreilles, ne pensent rien au-delà de la portée de leur esprit. Ils cheminent en aveugles au milieu des êtres ; ils usent leurs facultés pour acquérir du savoir, et ce n'est que par hasard qu'ils en entrevoient quelques lueurs.Ils se croient éclairés et ne voient pas qu'ils commencent à arriver au faîte de l'ignorance. Ils se réjouissent d'avoir acquis ce qu'il y a de plus

le superficiel.
Il estime le fruit et laisse la fleur.
C'est pourquoi il rejette l'une et adopte l'autre.

---

bas, de plus vil au monde ; et ils oublient ce qu'il y a de plus sublime. Ils aiment le superficiel et négligent le solide ; ils cueillent la fleur et rejettent le fruit. Il n'y a qu'un grand homme qui sache rejeter l'une et adopter l'autre.Plusieurs auteurs raisonnent ainsi : l'humanité, la justice, les rites, les lois, sont les instruments dont se sert un homme saint (c'est-à-dire un prince parfait) pour gouverner l'empire. Mais Lao-tseu veut qu'on abandonne l'humanité et la justice, qu'on renonce aux rites et aux lois. Si une telle doctrine était mise en pratique, comment l'empire ne tomberait-il pas dans le désordre ? En effet, parmi les lettrés des siècles suivants, on en a vu qui, séduits par le goût des discussions abstraites, négligeaient les actes de la vie réelle ; d'autres qui, entraînés par l'amour de la retraite, mettaient en oubli les lois de la morale. L'empire imita leur exemple, et bientôt la société tomba dans le trouble et le désordre. C'est ce qui arriva sous la dynastie des Tsin. Ce malheur prit sa source dans la doctrine de Lao-tseu.Ceux qui raisonnent ainsi ne sont pas capables de comprendre le but de Lao-tseu, ni de pénétrer la véritable cause des vices qui ont éclaté sous les Tsin. Les hommes des Tsin ne suivaient pas la doctrine de Lao-tseu ; les troubles de cette époque ont eu une autre cause. Ce n'est point sans motif que Lao-tseu apprend à quitter l'humanité et la justice, à renoncer aux rites et à l'étude. Si les hommes doivent quitter l'humanité et la justice, c'est pour révérer le Tao et la Vertu ; s'ils doivent renoncer aux rites et à l'étude, c'est pour revenir à la droiture et à la sincérité.Quant aux hommes des Tsin, je vois qu'ils ont abandonné l'humanité et la justice ; je ne vois pas qu'ils aient révéré le Tao et la Vertu. Je vois qu'ils ont renoncé aux rites et à l'étude ; je ne vois pas qu'ils soient revenus à la droiture et à la sincérité.Depuis la période Thaï-kang (l'an 280 après J.-C.) jusqu'à la fuite sur la rive gauche du fleuve Kiang, les lettrés s'appliquaient en général à acquérir une réputation éminente ; ils s'abandonnaient mollement au repos ; ils couraient après le pouvoir et la fortune, et se passionnaient pour la musique et les arts. Le goût des discussions abstraites et l'amour de la solitude n'étaient rien en comparaison de ces excès coupables qui ont troublé la famille des Tsin, et dont il serait impossible de trouver la cause dans l'ouvrage de Lao-tseu.

– 39 –

Voici les choses qui jadis ont obtenu l'Unité[28].
Le ciel est pur parce qu'il a obtenu l'Unité.
La terre est en repos parce qu'elle a obtenu l'Unité.
Les esprits sont doués d'une intelligence divine parce qu'ils ont obtenu l'Unité.
Les vallées se remplissent parce qu'elles ont obtenu l'Unité.
Les dix mille êtres naissent parce qu'ils ont obtenu l'Unité.
Les princes et rois sont les modèles du monde parce qu'ils ont obtenu l'Unité.
Voilà ce que l'unité produit.
Si le ciel perdait[29] sa pureté, il se dissoudrait ;

---

28 L'Unité, c'est le Tao. C'est du Tao que tous les êtres ont obtenu ce qui constitue leur nature. Les hommes de l'empire voient les êtres et oublient le Tao ; ils se contentent de savoir que le ciel est pur, que la terre est en repos, que les esprits sont doués d'une intelligence divine ; que les vallées sont susceptibles d'être remplies, que les dix mille êtres naissent, que les vassaux et les rois sont les modèles du monde. Mais ils ignorent que c'est du Tao qu'ils ont obtenu ces qualités. La grandeur du ciel et de la terre, la noblesse des vassaux et des rois, c'est l'Unité qui les a produites. Mais qu'est-ce donc que l'Unité ? Vous la regardez et ne pouvez la voir ; vous voulez la toucher et ne l'atteignez pas. On voit que c'est la chose la plus subtile du monde.

29 Le ciel, la terre et tous les êtres tirent leur origine de l'essence du Tao. C'est parce que le ciel a obtenu cette Unité, cette essence, qu'il est pur et s'élève sous forme d'éther au-dessus de nos têtes, etc. Si le ciel ne possédait pas cette Unité, c'est-à-dire s'il ne tenait pas du Tao cette pureté qui constitue sa nature, il se fendrait et ne pourrait s'arrondir en voûte. Si la terre ne possédait pas cette Unité, elle serait entraînée par un mouvement rapide (plusieurs interprètes expliquent le mot fa par « se mettre en mouvement ») et ne pourrait rester en repos pour supporter les êtres ; si les hommes ne la possédaient pas, leurs moyens de vivre s'épuiseraient et ils ne pourraient se perpétuer sans fin dans leurs fils et leurs petits-fils. Si les dix mille (c'est-à-dire tous) êtres ne la possédaient pas, ils s'éteindraient et cesseraient d'exister. Si les princes et les rois ne la possédaient pas, ils seraient

Si la terre perdait son repos, elle s'écroulerait ;

Si les esprits perdaient leur intelligence divine, ils s'anéantiraient ;

Si les vallées ne se remplissaient plus, elles se dessécheraient ;

Si les dix mille êtres ne naissaient plus, ils s'éteindraient ;

Si les princes et les rois s'enorgueillissaient de leur noblesse et de leur élévation, et cessaient d'être les modèles (du monde), ils seraient renversés.

C'est pourquoi les nobles regardent la roture comme leur origine ; les hommes élevés regardent la bassesse de la condition comme leur premier fondement.

De là vient que les princes et les rois s'appellent eux-mêmes orphelins, hommes de peu de mérite, hommes dénués de vertu.

Ne montrent-ils pas par là qu'ils regardent la roture comme leur véritable origine ? Et ils ont raison !

C'est pourquoi si vous décomposez un char, vous n'avez plus de char[30].

(Le sage) ne veut pas être estimé comme le jade, ni méprisé comme la pierre.

---

renversés, et ne pourraient rester en paix sur leur trône noble et élevé. C'est sur ce dernier point que Lao-tseu insiste particulièrement, parce qu'il désire que les rois s'attachent au Tao et gouvernent par le non-agir.En général, tout homme qui est soumis aux autres et n'agit que d'après leurs ordres, s'appelle hiatsien, « bas et abject ».C'est une comparaison qui s'applique au Tao. Le Tao est sans nom et tous les êtres du monde peuvent en faire usage, de même qu'on emploie un homme d'une condition basse et abjecte. Si les princes et les rois restaient sur leur trône noble et élevé sans posséder le Tao, ils seraient bientôt renversés. N'est-il pas évident que le Tao est leur fondement et leur racine ?

30 Avec une multitude de matériaux, vous formez un char. « Char » est un nom collectif des différents matériaux dont un char se compose. Si vous les comptez un à un (si vous décomposez le char), vous aurez un moyeu, des roues, des rais, un essieu, un timon, etc. Si vous donnez à ces différentes parties leurs noms respectifs, le nom de char disparaîtra ; si vous en faites abstraction, il n'y aura plus de char.De même, c'est la réunion et l'ensemble du peuple qui forment un prince ou un roi. « Prince, roi », sont des noms collectifs de peuple. Si vous faites abstraction du peuple, il n'y aura plus ni prince ni roi.Quelque beau que soit un char, il ne l'est devenu que par la réunion d'une multitude de petits matériaux. Quelque noble que soit un prince ou un roi, il n'a pu le devenir que par la réunion d'une foule d'hommes d'une basse condition.

– 40 –

Le retour au non-être (produit) le mouvement[31] du Tao.
La faiblesse est la fonction du Tao.
Toutes les choses du monde sont nées de l'être ; l'être est né du non-être.

---

31 Le mouvement du Tao, c'est-à-dire l'impulsion que le Tao donne aux êtres, a pour racine, pour origine, leur retour (au non-être). S'ils ne retournaient pas au non-être, (le Tao) ne pourrait les mettre en mouvement. Il faut qu'ils se condensent, qu'ils se resserrent (qu'ils décroissent), pour pouvoir atteindre ensuite toute la plénitude de leur développement. C'est pourquoi le retour au non-être permet au Tao de mettre les êtres en mouvement, c'est-à-dire de les faire renaître. Parmi tous les êtres de l'univers, il n'en est pas un seul qui n'ait besoin de retourner au non-être pour exister de nouveau. Ce n'est que lorsqu'ils sont rentrés dans un repos absolu, que le Tao les met de nouveau en mouvement et les ramène à la vie. Ainsi le repos est la base et le principe du mouvement.

– 41 –

Quand les lettrés supérieurs ont entendu parler du Tao, ils le pratiquent avec zèle.

Quand les lettrés du second ordre ont entendu parler du Tao, tantôt ils le conservent, tantôt ils le perdent.

Quand les lettrés inférieurs ont entendu parler du Tao, ils le tournent en dérision. S'ils ne le tournaient pas en dérision, il ne mériterait pas le nom de Tao.

C'est pourquoi les Anciens disaient :

Celui qui a l'intelligence du Tao paraît enveloppé de ténèbres.

Celui qui est avancé dans le Tao ressemble à un homme arriéré.

Celui qui est à la hauteur du Tao ressemble à un homme vulgaire.

L'homme d'une vertu supérieure est comme une vallée.

L'homme d'une grande pureté est comme couvert d'opprobre.

L'homme d'un mérite immense paraît frappé d'incapacité.

L'homme d'une vertu solide semble dénué d'activité.

L'homme simple est vrai semble vil et dégradé.

C'est un grand carré dont on ne voit pas les angles ; un grand vase qui semble loin d'être achevé ; une grande voix dont le son est imperceptible ; une grande image dont on n'aperçoit point la forme.

Le Tao se cache et personne ne peut le nommer.

Il sait prêter (secours aux êtres) et les conduire à la perfection.

– 42 –

Le Tao a produit un ; un a produit deux[32] ; deux a produit trois[33] ; trois[34] a produit tous les êtres.

Tous les êtres fuient le calme et cherchent le mouvement.

Un souffle immatériel forme l'harmonie.

Ce que les hommes détestent, c'est d'être orphelins, imparfaits, dénués de vertu, et cependant les rois s'appellent ainsi eux-mêmes[35].

C'est pourquoi, parmi les êtres, les uns s'augmentent en se diminuant ; les autres se diminuent en s'augmentant.

Ce que les hommes enseignent, je l'enseigne aussi.

Les hommes violents et inflexibles n'obtiennent point une mort naturelle.

Je veux prendre leur exemple pour la base de mes instructions.

---

32 Un a produit deux, c'est-à-dire un s'est divisé en principe in, « femelle », et en principe yang, « mâle ».

33 Deux a produit trois (c'est-à-dire, deux ont produit un troisième principe) : le principe femelle et le principe mâle se sont unis et ont produit l'« harmonie ».

34 Trois, c'est-à-dire ce troisième principe. Le souffle d'« harmonie » s'est condensé et a produit tous les êtres.

35 Ces noms que se donnent les rois sont des termes d'humilité. Si les princes et les rois ne s'abaissaient pas (littéralement « ne se diminuaient pas »), l'empire ne se soumettrait pas à eux. C'est pourquoi les empereurs Yao et Chun occupèrent le trône et le regardèrent comme s'il leur eût été étranger (ils oubliaient leur élévation) ; leurs bienfaits ont eu une étendue sans bornes, et jusqu'à aujourd'hui on célèbre leur vertu. Aussi quiconque s'abaisse est élevé par les hommes (littéralement « quiconque se diminue, les hommes l'augmentent »).

– 43 –

Les choses les plus molles du monde subjuguent les choses les pus dures du monde.

Le non-être traverse les choses impénétrables[36]. C'est par là que je sais que le non-agir est utile.

Dans l'univers, il y a bien peu d'hommes qui sachent instruire sans parler et tirer profit du non-agir[37].

---

36 L'expression wou-kien signifie « ce qui n'a point d'interstices » (ce qui est impénétrable). Il n'y a pas de corps plus délié, plus fin que la poussière, et cependant elle ne peut entrer dans un corps sans interstices. Mais l'être d'une subtilité ineffable traverse le duvet d'automne (qui pousse aux animaux en automne) et trouve de la place de reste ; il pénètre sans difficulté les pierres et les métaux les plus durs.

37 Littéralement : « L'instruction du non parler, l'utilité du non-agir, dans le monde peu d'hommes atteignent cela. » Les hommes ne savent pas enseigner les autres, parce qu'ils parlent. Alors ils se fient à leur prudence, s'estiment, se vantent et aiment à agir. Celui qui aime à agir est facile à renverser. On voit par là que l'instruction qu'accompagnent les paroles, la conduite qui se manifeste par l'action, sont des choses inutiles. D'où il résulte que, dans le monde, peu d'hommes sont en état d'instruire sans faire usage de la parole, et d'obtenir les avantages du non-agir.

– 44 –

Qu'est-ce qui nous touche de plus près, de notre gloire ou de notre personne ?

Qu'est-ce qui nous est le plus précieux, de notre personne ou de nos richesses ?

Quel est le plus grand malheur, de les acquérir ou de les perdre ?

C'est pourquoi celui qui a de grandes passions est nécessairement exposé à de grands sacrifices.

Celui qui cache un riche trésor éprouve nécessairement de grandes pertes.

Celui qui sait se suffire est à l'abri du déshonneur.

Celui qui sait s'arrêter ne périclite jamais.

Il pourra subsister longtemps.

– 45 –

(Le Saint) est grandement parfait, et il paraît plein d'imperfections ; ses ressources ne s'usent point.

Il est grandement plein, et il paraît vide ; ses ressources ne s'épuisent point.

Il est grandement droit, et il semble manquer de rectitude.

Il est grandement ingénieux, et il paraît stupide.

Il est grandement disert, et il paraît bègue.

Le mouvement triomphe du froid ; le repos triomphe de la chaleur.

Celui qui est pur et tranquille devient le modèle de l'univers.

– 46 –

Lorsque le Tao régnait dans le monde, on renvoyait les chevaux pour cultiver les champs.
Depuis que le Tao ne règne plus dans le monde, les chevaux de combat naissent sur les frontières.
Il n'y a pas de plus grand crime que de se livrer à ses désirs.
Il n'y a pas de plus grand malheur que de ne pas savoir se suffire.
Il n'y a pas de plus grande calamité que le désir d'acquérir.
Celui qui sait se suffire est toujours content de son sort.

– 47 –

Sans sortir de ma maison, je connais l'univers ; sans regarder par ma fenêtre, je découvre les voies du ciel.
Plus l'on s'éloigne et moins l'on apprend[38]
C'est pourquoi le sage arrive (où il veut) sans marcher ; il nomme les objets sans les voir, sans agir, il accomplit de grandes choses.

---

38 Les hommes du monde sont aveuglés par l'intérêt et les passions. Ils s'élancent au-dehors pour les satisfaire. L'amour du lucre trouble leur prudence. C'est pourquoi, de jour en jour, ils s'éloignent davantage de leur nature. La poussière des passions s'épaissit davantage de jour en jour, et leur cœur s'obscurcit de plus en plus. C'est pourquoi, plus ils s'éloignent et plus leurs connaissances diminuent. Mais le saint homme reste calme et sans désirs ; il ne s'occupe point des choses sensibles, et, en restant en repos, il comprend tous les secrets de l'univers.

– 48 –

Celui qui se livre à l'étude augmente chaque jour (ses connaissances).

Celui qui se livre au Tao diminue chaque jour (ses passions).

Il les diminue et les diminue sans cesse jusqu'à ce qu'il soit arrivé au non-agir.

Dès qu'il pratique le non-agir, il n'y a rien qui lui soit impossible.

C'est toujours par le non-agir que l'on devient le maître de l'empire.

Celui qui aime à agir est incapable de devenir le maître de l'empire.

– 49 –

Le Saint n'a point de sentiments immuables. Il adopte les sentiments du peuple.

Celui qui est vertueux, il le traite comme un homme vertueux, celui qui n'est pas vertueux, il le traite aussi comme un homme vertueux. C'est là le comble de la vertu.

Celui qui est sincère, il le traite comme un homme sincère ; celui qui n'est pas sincère, il le traite aussi comme un homme sincère. C'est là le comble de la sincérité.

Le Saint vivant dans le monde reste calme et tranquille, et conserve les mêmes sentiments pour tous.

Les cent familles attachent sur lui leurs oreilles et leurs yeux.

Le Saint regarde le peuple comme un enfant[39].

---

39 Le peuple voyant que le Saint semble ne pas distinguer les bons des méchants, n'en peut sonder le motif et le regarde avec étonnement ; c'est pourquoi il attache sur lui ses oreilles et ses yeux. De son côté le Saint regarde le peuple comme un enfant. Il sait qu'il est dépourvu de connaissance comme un enfant. En effet, un enfant a des vues trop bornées pour comprendre la conduite d'un grand homme. De même le peuple ne saurait sonder et comprendre les voies du Saint. Le peuple admire les exemples du Saint, il écoute avidement ses paroles, il le contemple avec respect, il a confiance en lui, il l'aime comme un père et une mère. De son côté, le Saint craint de blesser le peuple, il le conserve avec sollicitude et le chérit comme un enfant qui vient de naître.

– 50 –

L'homme sort de la vie pour entrer dans la mort.
Il y a treize causes de vie et treize causes de mort[40].
À peine est-il né que ces treize causes de mort l'entraînent rapidement au trépas.
Quelle en est la raison ? C'est qu'il veut vivre avec trop d'intensité.
Or j'ai appris que celui qui sait gouverner sa vie ne craint sur sa route ni le rhinocéros ni le tigre.
S'il entre dans une armée, il n'a besoin ni de cuirasse ni d'armes.
Le rhinocéros ne saurait où le frapper de sa corne, le tigre où le

---

40 Ce passage a reçu une multitude d'interprétations qui manquent, la plupart, de justesse et de clarté. L'explication de Yen-kiun-ping me parait seule plausible ; mais elle m'oblige de rendre le mot tou (vulgo « disciple, compagnon ») par « voie, cause ». Plusieurs commentateurs l'ont expliqué de la même manière par tao. Il y a treize causes de vie, c'est-à-dire treize moyens d'arriver à la vie spirituelle, savoir la vacuité, l'attachement au non-être, la pureté, la quiétude, l'amour de l'obscurité, la pauvreté, la mollesse, la faiblesse, l'humilité, le dépouillement, la modestie, la souplesse, l'économie. Il y a treize causes de mort, qui sont le contraire des treize états que nous venons d'énumérer, savoir : la plénitude, l'attachement aux êtres, l'impureté, l'agitation, le désir de briller, la richesse, la dureté, la force, la fierté, l'excès de l'opulence, la hauteur, l'inflexibilité, la prodigalité.

déchirer de ses ongles, le soldat où le percer de son glaive.

Quelle en est la cause ? Il est à l'abri de la mort[41] !

---

41 Un Ancien disait : Celui qui aime la vie peut être tué ; celui qui aime la pureté peut être souillé ; celui qui aime la gloire peut être couvert d'ignominie ; celui qui aime la perfection peut la perdre. Mais si l'homme reste étranger à la vie (corporelle), qui est-ce qui peut le tuer ? S'il reste étranger à la pureté, qui est-ce qui peut le souiller ? S'il reste étranger à la gloire, qui est-ce qui peut le déshonorer ? S'il reste étranger à la perfection, qui est-ce qui peut la lui faire perdre ? Celui qui comprend cela peut se jouer de la vie et de la mort. Pourquoi l'homme peut-il être blessé par la corne du rhinocéros, par les ongles du tigre, par l'épée du soldat ? Parce qu'il a un corps. S'il sait se dégager de son corps, intérieurement il ne verra plus son corps ; extérieurement il ne verra plus les objets sensibles. La mort ne pourra l'atteindre par aucun endroit.

– 51 –

Le Tao produit[42] les êtres, la Vertu les nourrit. Ils leur donnent un corps et les perfectionnent par une secrète impulsion.

C'est pourquoi tous les êtres révèrent le Tao et honorent la Vertu.

Personne n'a conféré au Tao sa dignité, ni à la Vertu sa noblesse : ils les possèdent éternellement en eux-mêmes.

C'est pourquoi le Tao produit les êtres, les nourrit, les fait croître, les perfectionne, les mûrit, les alimente, les protège.

Il les produit, et ne se les approprie point ; il les fait ce qu'ils sont et ne s'en glorifie point ; il règne sur eux et les laisse libres.

C'est là ce qu'on appelle une vertu profonde.

---

42 La Vertu dont parle ici l'auteur est la manifestation du Tao dans les créatures. Le Tao s'est répandu comme un fleuve, il s'est manifesté au-dehors (dans les êtres) et est devenu la Vertu. Ce qui est vide, non-être, immatériel, s'appelle Tao ou la Voie ; ce qui transforme et nourrit toutes les créatures s'appelle te ou la Vertu.

– 52 –

Le principe[43] du monde est devenu la mère du monde.
Dès qu'on possède la mère, on connaît ses enfants.
Dès que l'homme connaît les enfants et qu'il conserve leur mère, jusqu'à la fin de sa vie il n'est exposé à aucun danger.
S'il clôt sa bouche, s'il ferme ses oreilles et ses yeux[44] jusqu'au terme de ses jours, il n'éprouvera aucune fatigue.
Mais s'il ouvre sa bouche et augmente ses désirs, jusqu'à la fin de sa vie, il ne pourra être sauvé.
Celui qui voit les choses les plus subtiles s'appelle éclairé ; celui qui conserve la faiblesse s'appelle fort.
S'il fait usage de l'éclat (du Tao) et revient à sa lumière, son corps n'aura plus à craindre aucune calamité.

---

43 Lorsque le Tao n'avait pas encore de nom, les êtres reçurent de lui leur principe ; lorsqu'il eut un nom (lorsqu'il eut le nom de Tao), les êtres reçurent de lui leur vie. C'est pourquoi le Tao est appelé d'abord « principe » et ensuite « mère ». Les mots « ses enfants » désignent tous les êtres. Le Saint connaît tous les êtres, parce qu'il s'est identifié avec le Tao, de même que par « la mère » on connaît « les enfants ». Mais, quoique sa rare prudence lui permette de pénétrer tous les êtres, jamais les êtres ne lui font oublier le Tao. C'est pourquoi, jusqu'à la fin de sa vie, il conserve fidèlement leur mère (le Tao). Le malheur des hommes du siècle, c'est d'oublier le Tao, en recherchant avec ardeur les objets et les choses qui flattent leurs sens.

44 Littéralement : « S'il ferme ses portes. » Le mot men, « portes », désigne ici les oreilles et les yeux. Si l'homme se laisse entraîner par le goût de la musique ou l'amour de la beauté, et oublie de revenir sur ses pas, il poursuit les êtres et se révolte contre sa nature. Il doit donc concentrer intérieurement son ouïe et sa vue. C'est pourquoi Lao-tseu lui conseille de fermer les oreilles et les yeux, afin que les choses extérieures n'entrent point dans son âme. S'il agit ainsi, il pourra, toute sa vie, faire usage du Tao et n'éprouvera jamais aucune fatigue. Mais s'il se livrait aux désirs qui flattent les oreilles et les yeux, s'il se laissait entraîner par l'impétuosité des sens sans revenir dans la bonne voie, il perdrait son cœur sous l'influence des êtres, et jusqu'à la fin de sa vie, il ne pourrait être sauvé.

C'est là ce qu'on appelle être doublement éclairé.

– 53 –

Si j'étais doué de quelque connaissance, je marcherais dans la grande Voie.

La seule chose que je craigne, c'est d'agir.

La grande Voie est très unie, mais le peuple aime les sentiers.

Si les palais sont très brillants, les champs sont très incultes, et les greniers vides.

Les princes s'habillent de riches étoffes ; ils portent un glaive tranchant ; ils se rassasient de mets exquis ; ils regorgent de richesses.

C'est ce qu'on appelle se glorifier du vol ; ce n'est point pratiquer le Tao.

– 54 –

Celui qui sait fonder ne craint point la destruction ; celui qui sait conserver ne craint point de perdre.

Ses fils et ses petits-fils lui offriront des sacrifices sans interruption.

Si (l'homme) cultive le Tao au-dedans de lui-même, sa vertu deviendra sincère.

S'il le cultive dans sa famille, sa vertu deviendra surabondante.

S'il le cultive dans le village, sa vertu deviendra étendue.

S'il le cultive dans le royaume, sa vertu deviendra florissante.

S'il le cultive dans l'empire, sa vertu deviendra universelle.

C'est pourquoi, d'après moi-même, je juge des autres hommes ; d'après une famille, je juge des autres familles ; d'apès un village, je juge des autres villages ; d'après un royaume, je juge des autres royaumes ; d'après l'empire, je juge de l'empire.

Comment sais-je qu'il en est ainsi de l'empire ? C'est uniquement par là[45].

---

45 Comment sais je que l'empire ne diffère pas d'un royaume, un royaume d'un village, un village d'une famille, une famille d'un homme ? Parce que tous les hommes se ressemblent, parce qu'ils sont également propres à cultiver la vertu. Comment sais-je cela ? Je le sais par ce corps, c'est-à-dire par moi-même, en examinant la manière dont je pratique le Tao. (Cf. chap. XLVII).

– 55 –

Celui qui possède une vertu solide ressemble à un nouveau-né qui ne craint ni la piqûre des animaux venimeux, ni les griffes des bêtes féroces, ni les serres des oiseaux de proie.

Ses os sont faibles, ses nerfs sont mous, et cependant il saisit fortement les objets.

Il ne connaît pas encore l'union des deux sexes, et cependant certaines parties (de son corps) éprouvent un orgasme viril. Cela vient de la perfection du *semen*.

Il crie tout le jour et sa voix ne s'altère point, cela vient de la perfection de l'harmonie (de la force vitale).

Connaître l'harmonie s'appelle être constant[46].

Connaître la constance s'appelle être éclairé.

Augmenter sa vie s'appelle une calamité.

Quand le cœur donne l'impulsion à l'énergie vitale, cela s'appelle être fort.

Dès que les êtres sont devenus robustes, ils vieillissent.

C'est ce qu'on appelle ne pas imiter le Tao.

Celui qui n'imite pas le Tao périt de bonne heure.

---

46 Celui qui connaît (cette) harmonie peut subsister constamment. C'est pourquoi on l'appelle tch'ang, « non sujet au changement, immuable ». Cette même idée se trouve dans le chapitre XVI.

– 56 –

L'homme qui connaît (le Tao) ne parle pas ; celui qui parle ne le connaît pas.

Il clôt sa bouche, il ferme ses oreilles et ses yeux, il émousse son activité, il se dégage de tous liens, il tempère sa lumière (intérieure), il s'assimile au vulgaire. On peut dire qu'il ressemble au Tao.

Il est inaccessible à la faveur comme à la disgrâce, au profit comme au détriment, aux honneurs comme à l'ignominie.

C'est pourquoi il est l'homme le plus honorable de l'univers.

– 57 –

Avec la droiture, on gouverne le royaume ; avec la ruse, on fait la guerre ; avec le non-agir, on devient le maître de l'empire[47].

Comment sais-je qu'il en est ainsi de l'empire ? Par ceci.

Plus le roi multiplie les prohibitions et les défenses, et plus le peuple s'appauvrit ;

Plus le peuple a d'instruments de lucre, et plus le royaume se trouble ;

Plus le peuple a d'adresse et d'habileté, et plus l'on voit fabriquer d'objets bizarres ;

Plus les lois se manifestent, et plus les voleurs s'accroissent.

C'est pourquoi le Saint dit : Je pratique le non-agir, et le peuple se convertit de lui-même.

J'aime la quiétude, et le peuple se rectifie de lui-même.

Je m'abstiens de toute occupation, et le peuple s'enrichit de lui-même.

Je me dégage de tous désirs, et le peuple revient de lui-même à la simplicité.

---

47 Lorsque le prince observe le non-agir, quand il évite de créer une multitude de lois, les peuples jouissent de la paix et lui donnent toute leur affection. Lorsque, au contraire, l'administration devient importune et tracassière, les peuples se soulèvent et ne savent plus que le haïr.

– 58 –

Lorsque l'administration (paraît) dépourvue de lumières, le peuple devient riche.

Lorsque l'administration est clairvoyante, le peuple manque de tout.

Le bonheur naît du malheur, le malheur est caché au sein du bonheur. Qui peut en prévoir la fin ?

Si le prince n'est pas droit, les hommes droits deviendront trompeurs, et les hommes vertueux, pervers.

Les hommes sont plongés dans l'erreur, et cela dure depuis bien longtemps !

C'est pourquoi le Saint est juste et ne blesse pas (le peuple).

Il est désintéressé et ne lui fait pas de tort.

Il est droit et ne le redresse pas.

Il est éclairé et ne l'éblouit pas.

– 59 –

Pour gouverner les hommes et servir le ciel, rien n'est comparable à la modération.

La modération doit être le premier soin de l'homme.

Quand elle est devenue son premier soin, on peut dire qu'il accumule abondamment la vertu.

Quand il accumule abondamment la vertu, il n'y a rien dont il ne triomphe.

Quand il n'y a rien dont il ne triomphe, personne ne connaît ses limites.

Quand personne ne connaît ses limites, il peut posséder le royaume.

Celui qui possède la mère du royaume peut subsister longtemps.

C'est ce qu'on appelle avoir des racines profondes et une tige solide.

Voilà l'art de vivre longuement et de jouir d'une existence durable.

– 60 –

Pour gouverner un grand royaume, (on doit) imiter (celui qui) fait cuire au désordre[48] un petit poisson.

Lorsque le prince dirige l'empire par le Tao, les démons ne montrent point leur puissance.

Ce n'est point que les démons manquent de puissance, c'est que les démons ne blessent point les hommes.

Ce n'est point que les démons ne (puissent) blesser les hommes, c'est que le Saint lui-même ne blesse point les hommes.

Ni le Saint ni les démons ne les blessent ; c'est pourquoi il confondent ensemble leur vertu.

---

48 Le Saint emploie le vide et la lumière (c'est-à-dire se dépouille de ses passions et dissipe leurs ténèbres) pour nourrir sa nature, la modération et l'économie pour subvenir aux besoins de son corps, la pureté et l'attention la plus sévère pour fortifier sa volonté, le calme et la quiétude pour gouverner son royaume. Lorsqu'on gouverne l'empire par le Tao, les démons n'osent montrer leur puissance, parce qu'un Saint est assis sur le trône. Si les démons n'osent montrer leur puissance pour nuire aux hommes, ce n'est pas qu'ils manquent de puissance, c'est uniquement parce que la perversité ne peut vaincre la droiture. C'est pourquoi on reconnaît que si les démons n'osent attaquer les hommes, c'est parce qu'ils craignent et respectent l'homme droit et sage qui est sur le trône. Si le Saint n'ose nuire au peuple, c'est qu'il l'affectionne comme s'il était son père. Si, dans le nombre, il se trouve des hommes aveugles qui se laissent aller au mal, le Saint se garde de les punir immédiatement à cause du mal qu'ils ont fait. Il les sauve par sa bonté, il les console par ses bienfaits et les fait revenir au bien. Le Saint ne fait point de mal au peuple, et alors les démons se convertissent. Cela montre la grandeur de sa vertu. De leur côté, les démons ne font point de mal aux hommes ; cela prouve aussi l'excellence de leur vertu. Tout l'empire en attribue le mérite au Saint ; mais celui-ci ne voit aucun mérite dans ses œuvres, et il rapporte ce mérite aux démons. Ainsi ils confondent ensemble leur vertu.

– 61 –

Un grand royaume (doit s'abaisser comme) les fleuves et les mers, où se réunissent (toutes les eaux de) l'empire.

Dans le monde, tel est le rôle de la femelle. En restant en repos, elle triomphe constamment du mâle. Ce repos est une sorte d'abaissement.

C'est pourquoi, si un grand royaume s'abaisse devant les petits royaumes, il gagnera les petits royaumes.

Si les petits royaumes s'abaissent devant un grand royaume, ils gagneront le grand royaume.

C'est pourquoi les uns s'abaissent pour recevoir, les autres s'abaissent pour être reçus.

Ce que désire uniquement un grand royaume, c'est de réunir et de gouverner les autres hommes.

Ce que désire uniquement un petit royaume, c'est d'être admis à servir les autres hommes.

Alors tous deux obtiennent ce qu'ils désiraient.

Mais les grands doivent s'abaisser !

– 62 –

Le Tao est l'asile de tous les êtres ; c'est le trésor de l'homme vertueux et l'appui du méchant.

Les paroles excellentes peuvent faire notre richesse, les actions honorables peuvent nous élever au-dessus des autres.

Si un homme n'est pas vertueux, pourrait-on le repousser avec mépris ?

C'est pour cela qu'on avait établi un empereur et institué trois ministres.

Il est beau de tenir devant soi une tablette de jade, ou d'être monté sur un quadrige ; mais il vaut mieux rester assis pour avancer dans le Tao. Pourquoi les anciens estimaient-ils le Tao ? N'est* pas parce qu'on le trouve naturellement sans le chercher tout le jour ? N'est-ce pas parce que les coupables obtiennent par lui la liberté et la vie ?

C'est pourquoi (le Tao) est l'être le plus estimable du monde.

* N'est-ce pas

– 63 –

(Le sage) pratique le non-agir, il s'occupe de la non-occupation, et savoure ce qui est sans saveur.

Les choses grandes ou petites, nombreuses ou rares, (sont égales à ses yeux).

Il venge ses injures par des bienfaits.

Il commence par des choses aisées, lorsqu'il en médite de difficiles ; par de petites choses, lorsqu'il en projette de grandes.

Les choses les plus difficiles du monde ont nécessairement commencé par être aisées.

Les choses les plus grandes du monde ont nécessairement commencé par être petites.

De là vient que, jusqu'à la fin, le Saint ne cherche point à faire de grandes choses ; c'est pourquoi il peut accomplir de grandes choses.

Celui qui promet à la légère tient rarement sa parole.

Celui qui trouve beaucoup de choses faciles éprouve nécessairement de grandes difficultés.

De là vient que le Saint trouve tout difficile ; c'est pourquoi, jusqu'au terme de sa vie, il n'éprouve nulles difficultés.

– 64 –

Ce qui est calme est aisé à maintenir ; ce qui n'a pas encore paru est aisé à prévenir ; ce qui est faible est aisé à briser ; ce qui est menu est aisé à disperser.

Arrêtez le mal avant qu'il n'existe ; calmez le désordre avant qu'il n'éclate.

Un arbre d'une grande circonférence est né d'une racine aussi déliée qu'un cheveu ; une tour de neuf étages est sortie d'une poignée de terre ; un voyage de mille lis a commencé par un pas !

Celui qui agit échoue, celui qui s'attache à une chose la perd.

De là vient que le Saint n'agit pas, c'est pourquoi il n'échoue point.

Il ne s'attache à rien, c'est pourquoi il ne perd point.

Lorsque le peuple fait une chose, il échoue toujours au moment de réussir.

Soyez attentif à la fin comme au commencement, et alors vous n'échouerez jamais.

De là vient que le Saint fait consister ses désirs dans l'absence de tout désir. Il n'estime point les biens d'une acquisition difficile.

Il fait consister son étude dans l'absence de toute étude, et se préserve des fautes des autres hommes.

Il n'ose pas agir afin d'aider tous les êtres à suivre leur nature.

– 65 –

Dans l'Antiquité, ceux qui excellaient à pratiquer le Tao ne l'employaient point à éclairer le peuple ; ils l'employaient à le rendre simple et ignorant.

Le peuple est difficile à gouverner parce qu'il a trop de prudence.

Celui qui se sert de la prudence pour gouverner le royaume est le fléau du royaume.

Celui qui ne se sert pas de la prudence pour gouverner le royaume fait le bonheur du royaume.

Lorsqu'on connaît ces deux choses, on est le modèle (de l'empire).

Savoir être le modèle (de l'empire), c'est être doué d'une vertu céleste.

Cette vertu céleste est profonde, immense, opposée aux créatures.

Par elle on parvient à procurer une paix générale.

– 66 –

Pourquoi les fleuves et les mers peuvent-ils être les rois de toutes les eaux ?

Parce qu'ils savent se tenir au-dessous d'elles.

C'est pour cela qu'ils peuvent être les rois de toutes les eaux.

Aussi lorsque le Saint désire d'être au-dessus du peuple, il faut que, par ses paroles, il se mette au-dessous de lui.

Lorsqu'il désire d'être placé en avant du peuple, il faut que, de sa personne, il se mette après lui.

De là vient que le Saint est placé au-dessus de tous et il n'est point à charge au peuple ; il est placé en avant de tous et le peuple n'en souffre pas.

Aussi tout l'empire aime à le servir et ne s'en lasse point.

Comme il ne dispute pas (le premier rang), il n'y a personne dans l'empire qui puisse le lui disputer.

– 67 –

Dans le monde tous me disent éminent, mais je ressemble à un homme borné.

C'est uniquement parce que je suis éminent, que je ressemble à un homme borné.

Quant à (ceux qu'on appelle) éclairés, il y a longtemps que leur médiocrité est connue !

Je possède trois choses précieuses : je les tiens et les conserve comme un trésor.

La première s'appelle l'affection ; la seconde s'appelle l'économie ; la troisième s'appelle l'humilité, qui m'empêche de vouloir être le premier de l'empire.

J'ai de l'affection, c'est pourquoi je puis être courageux.

J'ai de l'économie, c'est pourquoi je puis faire de grandes dépenses.

Je n'ose être le premier de l'empire, c'est pourquoi je puis devenir le chef de tous les hommes.

Mais aujourd'hui on laisse l'affection pour s'abandonner au courage ; on laisse l'économie pour se livrer à de grandes dépenses ; on laisse le dernier rang pour rechercher le premier :

Voilà qui conduit à la mort.

Si l'on combat avec un cœur rempli d'affection, on remporte la victoire ; si l'on défend (une ville), elle est inexpugnable.

Quand le ciel veut sauver un homme, il lui donne l'affection pour le protéger.

– 68 –

Celui qui excelle à commander une armée n'a pas une ardeur belliqueuse.

Celui qui excelle à combattre ne se laisse pas aller à la colère.

Celui qui excelle à vaincre ne lutte pas.

Celui qui excelle à emporter les hommes se met au-dessous d'eux.

C'est là ce qu'on appelle posséder la vertu qui consiste à ne point lutter.

C'est ce qu'on appelle savoir se servir des forces des hommes.

C'est ce qu'on appelle s'unir au ciel.

Telle était la science sublime des Anciens.

– 69 –

Voici ce que disait un ancien guerrier :
Je n'ose donner le signal, j'aime mieux le recevoir.
Je n'ose avancer d'un pouce, j'aime mieux reculer d'un pied.
C'est ce qui s'appelle n'avoir pas de rang à suivre, de bras à étendre, d'ennemis à poursuivre, ni d'arme à saisir.
Il n'y a pas de plus grand malheur que de résister à la légère.
Résister à la légère, c'est presque perdre notre trésor.
Aussi, lorsque deux armées combattent à armes égales, c'est l'homme le plus compatissant qui remporte la victoire.

– 70 –

Mes paroles sont très faciles à comprendre, très faciles à pratiquer.
Dans le monde personne ne peut les comprendre, personne ne peut les pratiquer.
Mes paroles ont une origine, mes actions ont une règle[49].
Les hommes ne les comprennent pas, c'est pour cela qu'ils m'ignorent.
Ceux qui me comprennent sont bien rares. Je n'en suis que plus estimé.
De là vient que le Saint se revêt d'habits grossiers et cache des pierres précieuses dans son sein.

---

49 Les mots tsong, « origine » (littéralement « aïeul »), et kiun, « règle » (vulgo « prince »), se rapportent au Tao et à la Vertu. Il n'y a pas une parole de Lao-tseu qui n'ait un fondement solide. En secret, elles ont pour origine et pour base le Tao et la Vertu. Par eux (par le Tao et la Vertu) le Saint dirige toutes les affaires de l'empire, par eux il distingue clairement les succès et les échecs, ce qui est digne d'approbation ou de blâme ; par eux, il met en lumière les présages certains du malheur ou du bonheur, de la victoire ou de la défaite. Ainsi le Tao est l'origine de ses paroles, la Vertu est la règle (littéralement « le prince, c'est-à-dire le régulateur ») de ses actions.

– 71 –

Savoir et (croire qu'on) ne sait pas, c'est le comble du mérite.
Ne pas savoir et (croire qu'on) sait, c'est la maladie (des hommes).
Si vous vous affligez de cette maladie vous ne l'éprouverez pas.
Le Saint n'éprouve pas cette maladie, parce qu'il s'en afflige.
Voilà pourquoi il ne l'éprouve pas.

– 72 –

Lorsque le peuple ne craint pas les choses redoutables, ce qu'il y a de plus redoutable (la mort) vient fondre sur lui.

Gardez-vous de vous trouver à l'étroit dans votre demeure, gardez-vous de vous dégoûter de votre sort.

Je ne me dégoûte point du mien, c'est pourquoi il ne m'inspire point de dégoût.

De là vient que le Saint se connaît lui-même et ne se met point en lumière ; il se ménage et ne se prise point.

C'est pourquoi il laisse ceci et adopte cela.

– 73 –

Celui qui met son courage à oser, trouve la mort.
Celui qui met son courage à ne pas oser, trouve la vie.
De ces deux choses, l'une est utile, l'autre est nuisible.
Lorsque le ciel déteste quelqu'un, qui est-ce qui pourrait sonder ses motifs ?
C'est pourquoi le Saint se décide difficilement à agir.
Telle est la voie (la conduite) du ciel.
Il ne lutte point, et il sait remporter la victoire.
Il ne parle point, et (les êtres) savent lui obéir.
Il ne les appelle pas, et ils accourent d'eux-mêmes.
Il paraît lent, et il sait former des plans habiles.
Le filet du ciel est immense ; ses mailles sont écartées et cependant personne n'échappe.

– 74 –

Lorsque le peuple ne craint pas la mort, comment l'effrayer par la menace de la mort ?

Si le peuple craint constamment la mort, et que quelqu'un fasse le mal, je puis le saisir et le tuer, et alors qui osera (l'imiter) ?

Il y a constamment un magistrat suprême qui inflige la mort.

Si l'on veut remplacer ce magistrat suprême, et infliger soi-même la mort, on ressemble à un homme (inhabile) qui voudrait tailler le bois à la place d'un charpentier.

Lorsqu'on veut tailler le bois à la place d'un charpentier, il est rare qu'on ne se blesse pas les mains.

– 75 –

Le peuple a faim parce que le prince dévore une quantité d'impôts.

Voilà pourquoi il a faim.

Le peuple est difficile à gouverner parce que le prince[50] aime à agir.

Voilà pourquoi il est difficile à gouverner.

Le peuple méprise la mort parce qu'il cherche avec trop d'ardeur les moyens de vivre.

Voilà pourquoi il méprise la mort.

Mais celui qui ne s'occupe pas de vivre est plus sage que celui qui estime la vie.

---

50 Lorsque le gouvernement est tyrannique, lorsque les lois sont d'une rigueur excessive et que le prince déploie toutes les ressources de la prudence pour mieux opprimer ses sujets, ceux-ci ont recours à la ruse et à la fraude pour éluder les rigueurs de l'administration, et alors ils sont difficiles à gouverner.

– 76 –

Quand l'homme vient au monde, il est souple et faible ; quand il meurt, il est roide et fort.

Quand les arbres et les plantes naissent, ils sont souples et tendres ; quand ils meurent, ils sont secs et arides.

La roideur et la force sont les compagnes de la mort ; la souplesse et la faiblesse sont les compagnes de la vie.

C'est pourquoi, lorsqu'une armée est forte, elle ne remporte pas la victoire.

Lorsqu'un arbre est devenu fort, on l'abat.

Ce qui est fort et grand occupe le rang inférieur ; ce qui est souple et faible occupe le rang supérieur.

– 77 –

La voie du ciel (c'est-à-dire le ciel) est comme l'ouvrier en arcs, qui abaisse ce qui est élevé, et élève ce qui est bas ; qui ôte le superflu, et supplée à ce qui manque.

Le ciel ôte à ceux qui ont du superflu pour aider ceux qui n'ont pas assez.

Il n'en est pas ainsi de l'homme : il ôte à ceux qui n'ont pas assez pour donner à ceux qui ont du superflu.

Quel est celui qui est capable de donner son superflu aux hommes de l'empire. Celui-là seul qui possède le Tao.

C'est pourquoi le Saint fait (le bien) et ne s'en prévaut point.

Il accomplit de grandes choses et ne s'y attache point.

Il ne veut pas laisser voir sa sagesse.

– 78 –

Parmi toutes les choses du monde, il n'en est point de plus molle et de plus faible que l'eau, et cependant, pour briser ce qui est dur et fort, rien ne peut l'emporter sur elle.

Pour cela rien ne peut remplacer l'eau.

Ce qui est faible triomphe de ce qui est fort ; ce qui est mou triomphe de ce qui est dur.

Dans le monde, il n'y a personne qui ne connaisse (cette vérité), mais personne ne peut la mettre en pratique.

C'est pourquoi le Saint dit : Celui qui supporte les opprobres du royaume devient chef du royaume.

Celui qui supporte les calamités du royaume devient le roi de l'empire.

Les paroles droites paraissent contraires (à la raison).

– 79 –

Si vous voulez apaiser les grandes inimitiés des hommes[51], ils conserveront nécessairement un reste d'inimitié.
Comment pourraient-ils devenir vertueux ?
De là vient que le Saint garde la partie gauche du contrat[52] et ne réclame rien aux autres.
C'est pourquoi celui qui a de la vertu songe à donner, celui qui est sans vertu songe à demander.
Le ciel n'affectionne personne en particulier. Il donne constamment aux hommes vertueux.

---

51 Les inimitiés naissent de l'illusion, l'illusion émane de notre nature. Celui qui connaît sa nature (et qui la conserve dans sa pureté) n'a pas de vues illusoires ; comment serait-il sujet à l'inimitié ? Maintenant les hommes ne savent pas arracher la racine (des inimitiés) et ils cherchent à en apaiser la superficie (littéralement : « les branches »), aussi, quoiqu'elles soient calmées extérieurement, on ne les oublie jamais au fond du cœur.

52 Le mot kie désigne « une tablette de bois qui pouvait se diviser en deux parties ». On écrivait dessus toutes sortes de conventions, soit pour acheter, soit pour donner ou emprunter. Celui des contractants qui devait donner la chose qui était l'objet du contrat, gardait la partie gauche de cette tablette, et celui qui devait venir la réclamer prenait la partie droite. Quand ce dernier se présentait en tenant dans sa main la partie droite du contrat, celui qui avait la partie gauche les rapprochait l'une de l'autre, et, après avoir reconnu la correspondance exacte des lignes d'écriture et la coïncidence des dentelures des deux portions de la tablette (elles devaient s'adapter l'une à l'autre comme les tailles des boulangers, et les lettres qui y étaient gravées devaient se correspondre comme celles d'un billet de banque qu'on rapproche de la souche), il donnait l'objet réclamé sans faire aucune difficulté, et sans témoigner le plus léger doute sur les droits et la sincérité du demandeur. Lorsqu'on dit que le Saint garde la partie gauche du contrat, on entend qu'il ne réclame rien à personne, et qu'il attend que les autres viennent demander eux-mêmes ce qu'ils désirent de lui.

– 80 –

(Si je gouvernais) un petit royaume et un peuple peu nombreux, n'eût-il des armes que pour dix ou cent hommes, je l'empêcherais de s'en servir.

J'apprendrais au peuple à craindre la mort et à ne pas émigrer au loin.

Quand il aurait des bateaux et des chars, il n'y monterait pas.

Quand il aurait des cuirasses et des lances, il ne les porterait pas.

Je le ferais revenir à l'usage des cordelettes nouées[53].

Il savourerait sa nourriture, il trouverait de l'élégance dans ses vêtements, il se plairait dans sa demeure, il aimerait ses simples usages.

Si un autre royaume se trouvait en face du mien, et que les cris des coqs et des chiens s'entendissent de l'un à l'autre, mon peuple arriverait à la vieillesse et à la mort sans avoir visité le peuple voisin.

---

53 Dans la Haute Antiquité, lorsque l'écriture n'était pas encore inventée, les hommes se servaient de cordelettes nouées pour communiquer leurs pensées. À cette époque, les mœurs étaient pures et simples, et, suivant les idées de Lao-tseu, elles n'avaient pas encore été altérées par les progrès des lumières. Dans la pensée de l'auteur, les mots « je ramènerais le peuple à l'usage des cordelettes nouées » signifient : « je ramènerais le peuple à sa simplicité primitive ».

– 81 –

Les paroles sincères ne sont pas élégantes ; les paroles élégantes ne sont pas sincères.

L'homme vertueux n'est pas disert ; celui qui est disert n'est pas vertueux.

Celui qui connaît (le Tao) n'est pas savant ; celui qui est savant ne le connaît pas.

Le Saint n'accumule pas (les richesses).

Plus il emploie (sa vertu) dans l'intérêt des hommes, et plus elle augmente.

Plus il donne aux hommes et plus il s'enrichit. Telle est la voie du ciel, qu'il est utile aux êtres et ne leur nuit point. Telle est la voie du Saint, qu'il agit et ne dispute point.

Printed in Poland
by Amazon Fulfillment
Poland Sp. z o.o., Wrocław
23 May 2024

f4953fa6-2fdb-4c51-a017-d46eba733d46R01